AF450306

INGENIERÍA SOLAR

INGENIERÍA SOLAR

LUIS CORREA-DÍAZ

santa rabia poetry

COLECCIÓN DE POESÍA PANHISPÁNICA

1. Poesía Chilena

Autor:
© Luis Correa-Díaz

Editado por:
© SANTA RABIA POETRY
de Edward Elí Urbina Montenegro
Paseo del Mar P4 – 18
Nuevo Chimbote – Perú.
santarabiapoetry@gmail.com

PRIMERA EDICIÓN: MAYO DE 2022

IMPRESIÓN BAJO DEMANDA

IMPRESO EN MAYO 2022 EN:
Aleph Impresiones SRL
Jr. Risso Nro. 580, Lince – Lima, Perú

ISBN: 978-612-48817-4-9
Hecho el Depósito Legal en la Biblioteca Nacional del Perú:
N° 202204391

DISEÑO DE PORTADA Y MAQUETACIÓN:
Santa Rabia Poetry

DIBUJO DIGITAL DE CUBIERTA:
Noek Izardui

FOTOGRAFÍA DEL AUTOR:
lcd

PRÓLOGO

Era un niño cuando me asomé por primera vez a un telescopio y observé la ruta de Saturno. Lejos de ver un coloso en el centro del cielo, vi un puntito que se movía como una hormiga en el vidrio del aparato. Entonces concluí una cosa que por evidente se nos escapa: somos una anécdota. Que dos átomos, luego tres y millones de ellos se alineen para formar un cuerpo es un milagro, tan sorprendente como que en esta bastedad imposible nos encontremos, podamos amar y los circuitos eléctricos de nuestros cuerpos, nuestra fijación en las formas, los olores y las fibras nerviosas nos causen placer. Terrible como darse cuenta que al final todo es tan frágil y caminamos al borde del abismo, una mínima alteración del equilibro sería capaz de derrumbarlo todo. Pero aún esa decepción de saber que perderemos la aguja en el pajar —recordando a Omar Lara— es dueña de una maravilla que nos empuja a seguir buscando, a repetir la vuelta al sol. "La belleza duele pero se agradece", dice Luis Correa-Díaz en este nuevo libro de poemas, una sucesión de agudos dolores y pulsiones algorítmicas que, como la fibra íntima de la materia de que están hechas todas las cosas, nos quema los ojos y nos rompe los oídos; es un ver de frente al mar en su último crepúsculo, un larguísimo instante de millones de años antes de que todo perezca.

Me refiero aquí a un libro de grandes extensiones. Si las civilizaciones arcanas miraban las estrellas y narraban, a través de la memoria mágica de sus semejantes, épicas cosmogonías, que condensaran los conflictos mortales y morales, las creencias y el saber, las celebraciones y el pensamiento; Luis Correa-Díaz, en un intento por reencontrarse con esos dioses desmitificados por la razón, escarba significantes, como si fueran fósiles del futuro, en la biología, la astronomía, las matemáticas y otras ciencias "duras". Su interés radica en abrir el jardín del poema a tópicos que no siempre pertenecen al orden sentimental y político de la lírica, pero que, en su caótico rigor, exponen la condición humana a la luz del lenguaje poético expandido, pues, aunque demanda un aventurarse total, es nuestra naturaleza buscar palabras que nos interpreten más allá de nosotros mismos. De esta forma, poemas como "Uno de romanos", tienen el coraje de comparar la escritura de un poema con la edificación del acueducto de Chelva y no fracasar, sino que abrir una posibilidad inusitada para los lectores: un lugar bajo los arcos para acurrucar la ternura.

Tenemos la mala manía en los círculos de poetas de despreciar los avances científicos, de romantizar la desconexión, como si escribir en un bosque solitario para fantasmas que no nos escuchan fuera el mayor objetivo, sin embargo, no podemos negar nuestra obsolencia analógica ante la seducción del pensar hologramático de las nuevas tecnologías de la inteligencia. Se comprende con este libro que, así como los artefactos tecnológicos son extensiones de nuestro cuerpo, la velocidad inconsciente y el desecho emocional al cual las redes sociales nos empujan, son también una extensión de nuestras carencias humanas y espirituales. Tan rápido como lees estas líneas, nuestro planeta se llena de computadores y smarthphones abandonados, mascarillas y jeringas usadas, bolsas de retail y pantallas planas sin dueño, así mismo las palabras se amontonan en los mares y flotan inutilizables como basura espacial en el vacío de nuestra exósfera; otras se han convertido en objetos de turismo, yacen como monolitos con los que sacarse selfies mandados luego a la papelera de reciclaje. Dar vida a los menhirs de ese lenguaje pétreo debiera ser también un desafío para los poetas de nuestra era, no por ocupar un territorio ajeno —si es que existe un territorio ajeno para la poesía— con la única excusa de la estética, sino porque en nuestro tiempo una auténtica necesidad de reivindicar la experiencia humana frente al consumo y el materialismo nos circunda. De esta forma *Ingeniería solar* no es solo un libro con una propuesta estética en el idioma y sus signos, sino con una ética de (trans)humana sensibilidad.

Amor, familia, amigos, playas de ciudades y caminatas, cafés y espacios virtuales abundan en este volumen. En principio nos encontramos con un poemario defensor de una estética del hombre de este mundo que no oculta el pensar antropológico (pero no antropocéntico): mamífero que se reconoce un ser pensante, observador de su entorno, gregario y heredero de muchas culturas, pero, sobre todo, enamorado del mundo en toda su extensión. Entonces el poema, de este hombre, de este tiempo, de este lugar no-lugar, se propone ser como un colibrí: fugaz, etéreo, pero capaz de "no perder la ruta exacta al jardín" cada vez que vuela, incluso cuando lo hace a la estratósfera y más lejos, ser dueño de un tiempo y un lugar para nacer y descomponerse, así como lo hacemos también cuando nos internamos en la enorme biblioteca de libros y PDF's que hablan más de nuestra muerte que de nuestra vida, tenemos el derecho (y el deber) de no perdernos entre esas nebulosas hechas de palabras y dígitos. El algoritmo no ha de ser una trampa entre los humanos sino un canto de estos al (hermano) padre sol.

Los seres humanos de nuestra era somos cetáceos invisibles al tiempo. Durante ese breve plazo tu humanidad se pudrirá, golpeada a ratos por ese oleaje ciego pero sonoro. Nadie se espante por nuestra última desnudez, sobre las arenas de playas como las de Curanipe, al final no dejaremos otra huella que un corazón inexplicable cuyos nombres borró el mar. Existe el poeta para dar testimonio de nuestra época —no lo digo yo, lo dice Rimbaud—, y Luis Correa-Díaz aporta poniendo en tela de juicio las mistificaciones del testigo:

> *Todo testigo miente*
> *porque no cuenta*
> *lo que pasó, habla*
> *de sí mismo,*
> *de lo que cree*
> *haber presenciado*

El tiempo lo borra todo, salvo que la memoria acuda a su rescate y el lenguaje lo custodie. *Ingeniería solar* me inquieta haciéndome pensar en lo fácil que es echar mano del olvido para dejar a nuestras culturas disolverse. Hemos construido nuestra sociedad en base a miradas parciales, "mentiras" dice Luis Correa-Díaz sin cables en la lengua. Sin embargo, el hecho concreto persiste: formamos parte de aquella ingeniería, el colibrí vuela y los microbios abundan aun en otros cuerpos celestes, quizás en ellos se oculte lo único verdadero: "que respiramos y dejamos de respirar", dice Jorge Teillier, y que este libro acepta en su sabiduría.

Para *Ingeniería solar* nuestro tiempo y lugar es la ternura, esa que arde junto al último crepúsculo y que resignifica las cosas tristes que pasan en nuestros países y que no tienen perdón de nadie. Es hora y no hay excusas para no buscar una poética cosmológica que nos dignifique ante los (auto)engaños de nuestra especie y sus relatos.

ALEJANDRO CONCHA M.
Lota, Chile - Febrero de 2022.

1.- POEMAS DE AMOR AL CONGÉNITO MODO

TELÉMACO IN LOVE

si yo tuviera que ponerme
un nombre a mí mismo, o sea
bautizarme de nuevo por propio
gusto y significación, este sería
y no otro, que ya van mis pies
años pisando islas buscándolo,
hasta por las del ciberespacio
que son tanto más peliagudas
que esas de la vieja Odisea,
según me relata mi avatar,
un tal Capeci que me inventé
para que me representara
en ese mundo donde no nací
pero que tengo que conquistar
con idéntica e ingeniosa hombría
a la del que volvió a su Itaca
(aunque la verdad sea dicha:
el regreso no fue the end
of the story ni fue feliz), donde
me casaré con la Circe mágica
y maga que me dará un/a hijo/a
que será our lion/ess in love
-by love the cleverest, sometimes,
are led astray, the strongest tamed,
dice al final un poema Neo-Latino-
para olvidar esta interminable
infancia planetaria nuestra -aun
el Tele-Hamlet a lo Brad Pitt
que nos sigue como un selfie
maldito justo cuando buscamos

más que nunca allende en isole
remote el rostro del progenitor
amado, otra opportunity también- y
los cantos amarillos de matanzas
y todo highly classified docx

3 BECQUERIANAS

del estío

a ella le gustaría creer
que el aire corre
por el aire para justificar
unos amores exánimes
de un tal Bécquer,
me dice, yo le respondo
que no, que corre sí,
pero para secarle
la ropa que ha puesto
hoy en la ventana,
para que así el sol
del verano no se la queme

del atardecer

los que vuelven esta tarde-
noche no son las golondrinas
sino unos pequeños y nerviosos
murciélagos, los veo
desde el deck de mi casa
celeste y marrón contrastados
sobre una nube esponjosa
y blanca como blanco
es el olvido, después
de una tormenta prevista
por los metereólogos, juegan
a hacer ochos raros
en el aire y sin mediar

palabras de las suyas
se van como vinieron, un rayo
salta en silencio al fondo
y mi corazón de oscuros
presagios se despierta y
algo en mí me dice que estos
no volverán, que madre
no va a morir y que tú
siempre me amarás

del azul final

a veces me pregunto cuál
va a ser la última cosa
en la que estaré pensando
justo cuando me muera,
si la muerte me viene
de sorpresa como un off
repentino y total mientras
no quería parar de leer,
porque si me toca morir
en agonía lenta y larga
yo ya sé que será en ti,
que tú vendrás a mirarme
desde tus pupilas azules

FRENTE AL MAR

qué hace, qué piensa
la gente cuando
se sienta frente al mar,
a dónde va, o es
que no lo sabe, medita,
me dice mi compañera,
lo mismo que tú y yo
estamos haciendo
aquí y ahora subidos
a estas rocas apenas
sí mirándonos, nuestro
padre sol nos llama,
a él se lanza el corazón
mudo como un monje
para conjurar la noche
una vez más, conmigo
sueñas otro amanecer
igual al de los Changos
de cientos, miles —ojalá
millones— de esos felices
y finales años por venir,
al de aquellos chinchorros
que me contabas anoche
antes de dormirte junto
a mí, momificándonos
en el amor mutuo cada
vez con más arte y celo
para despertar así mañana

LAS OLAS

las olas nunca van a aceptar
que los hombres le ganen
unos palmos a la mar, nunca
dejarán de volver por lo suyo
como nosotros regresamos
a nuestras arenas primeras
en un flash cuando de amor
morimos sobre el agitado
pecho del(a) amante, nadie
empuja las aguas lejos, no
se las obliga hacia el fondo
sin que antes hayan por sí
alcanzado la más violenta
plenitud de su gozo ciego,
volverán por cierto apenas
idas, saltarán los diques y
nos empaparán de su aliento

OJOS DE SAPO

no hay nada más celestial
acá abajo en el barro
que cuando una mujer
te mira sin que tú hayas
dado el primer paso
de mirarla con largos ojos
de sapo, cuando te llama
desde el fondo de los suyos,
hechos de isótopos
cosmogénicos,
y sin necesitar tu nombre
te ama, por toda la vida
de 15 minutos que menos
son en verdad, te entregas
al ritmo de su amasijo
de estrellas replicantes,
sabiendo que vas
a morir de amor y que sólo
para eso te trajeron
al mundo

LA PAREJA PERFECTA

Einstein dijo que imagination
is more important
than knowledge, y Lenon
lo siguió bellamente,
pero el tema es que -y sé
que me meto en las patas
de los caballos- ella y
él se necesitan y no son
separados, la una
le muestra en danza
acordada los pasos
al otro, el otro le cuenta
que la verdadera razón
de amor es el mundo

PERGOLERO

en el este de Australia
vive el más dedicado
artista de la seducción,
7 años le lleva al macho
pergolero perfeccionar
su emparrado, y todo
lo hace para conquistar
una hembra, su plumaje
mientras pasa del gris
satinado al azul oscuro,
como le ocurrió a otro
ahora experimentado
y al que espía su arte,
incluso el lado decorativo,
la disposición de azuladas
piedrecitas y bisuterías
del bosque —parece
que la amada sólo tiene
ojos para ese color—,
y el mayor practica con él,
porque éste todavía brilla
indistinguible de ellas,
la rutina de sus cortejos
y el joven huye a media
actuación para enterarse
pronto que los adultos
no toleran a los novatos
y que le vino a destruir
su emparrado en ciernes,
ha de ser que a empezar

de nuevo entonces, mas
ya acaudaló las nociones
de la ingeniería, y también
de la danza, y sí le llevará
un tiempo, pero le quedan
años (dos) para ponerlo
a punto a ese arco suyo
por donde con cautísima
curiosidad cruzará o no
la que venga a evaluarle
el espectáculo, en tanto
él se entregará a su fiesta
de plumas y quiebres poéticos
en riguroso amor programado
[con música y letra de fondo
de Soda Stereo: *te llevaré
hasta el extremo, te llevaré...*]

[y si este poema hubiese sido
en inglés, creo que le habría
puesto la de The Outfield,
aunque el mood del pajarito
aquí sería slightly different,
*I don't wanna lose your love
tonight..., just' cause you're
right that don't mean I'm wrong...*]

POEMA DE AMOR

ahora caigo en la cuenta,
mientras desarmo
un viejo computador
para sacarle la tarjeta
madre y ponerla
en un marco ad hoc,
cosas de uno
con la fascinación
por estas reliquias
de nuestros tiempos
veloces..., aquel
pinchazo, ese escozor
que sentí una noche
durmiendo a su lado
fue que me enterró
un chip, mi muy
secreta enfermera,
un chip, una new
y, claro, tecno
flecha de amor,
que a juzgar
por los malestares
de continuo que llevo
en el cuerpo habría
que decir, sin otra
explicación plausible,
que estaba envenenado,
pero con un veneno
lento que me durará,
lo sé ya, toda la vida

hasta que la palme
el día y la hora
programados

TEORÍA ESTÉTICA

la belleza duele pero se agradece,
te quema los ojos, te rompe
los oídos, te arranca la lengua,
borra tus huellas digitales y
se te mete por las narices
como una enredadera
que te estrangulará por dentro,
y el sexto sentido enloquece
frente al mar en su último crepúsculo

UNO DE ROMANOS

si se pudiera escribir un poema
como un acueducto romano,
yo elegiría que fuera el mío
de la misma factura y osadía
—no el de Nîmes, ese lo haga
un/a poeta de mayor peso y
heroísmo que alcance los 11
mil versos y se eleve el suyo
que llegue a las 16 plantas,
resistiendo el arrastre fiero
de la corriente y el asedio
de los vientos del desamor—
que el de Tiermes, más rupestre,
excavado en la roca viva
y con pequeños decantadores
para filtrar el agua de paso,
o el del Albarracín hacia Cella
con una larga galería llena
de ventanas en el roquerío
(un alarde de ingeniería más
allá de la necesidad y aún
así lo hicieron), pero yo mejor
me quedo con el de Chelva,
aunque no se sepa muy bien
a qué ciudad alimentaba,
sus arquerías sobre barrancos
y esa Fuente de la Gitana y
su túnel a cielo abierto, allí
te recuerdo en aquel entonces,
y esto también a mí me pone

la carne de gallina en el corazón
porque bajo uno de esos arcos
tú y yo aprendimos lo mismo
que en la canción de Sabina
—bueno, la verdad, en nuestro
caso fue un reaprendizaje feliz

VENUS 23

si en Venus llegaran a verse
esos microbios que anuncia,
se cree, la presencia
de ese gas fosfano elevándose
alto en la atmósfera amorosa
del planeta..., cierto que viene
de materia orgánica en decay
y que huele algo mal, a ajo
o a pescado de días, pero
también que tuvo la rosa
una belleza, como la tuya,
sin igual en este universo
rampante, aunque el poeta
tenga que advertir sobre
el tiempo airado y *la edad
ligera* y su cruel *costumbre*,
yo digo que si hay muerte
—y dulces rastros microbiales
de lo que haya sido y/o será—
es que hubo vida y que nada
le es inhóspito, que puede
esconderse, nunca callar,
su voz acaricia *el viento
helado* y la presión imposible,
Carl Sagan fue un Garcilaso
al revés, cuestión de siglos
nada más, el mismo amor...,
si en Venus llegaran a verse
te aseguro que serían de tu estirpe

POEMA DEL OLVIDO

si la ciencia nos ha confirmado
que olvidar es, contrariamente
a lo que nos decíamos, un signo
de inteligencia superior, prefiero
yo el adjetivo saludable en todo
caso, entonces me congratulo
—y les pido disculpa a los amigos
y los amores porque no entendían
que me sintiera feliz al poco tiempo
de haberlos perdido— por el arte
del olvido que he ido cultivando
con los años, pero no se trata
de olvidar por descuido o rabia
o temor de recordar que duele,
no, sino que sea muy a propósito
y con el mismo cuidado puesto
en la orfebrería y los detalles y
la melodía oscura de la nostalgia,
olvidarlo todo y apenas vivido
con amor, florecer cada día
sobre el sepulcro de los muertos
sin pedirles perdón que el llorar
es la savia novia del sol... —cómo
tendría que terminar este poema
ya no lo recuerdo y me alegra eso

COLIBRÍES

si los colibríes son un prodigio
—para no calificarlos como milagro,
el mundo no los tiene, otra cosa
sucede en él—, puesto que poseen
al menos cinco características
que dado su tamaño y supuesta
fragilidad nadie —y como somos
nadie, nosotros— esperaría
encontrar entre sus tan rápidas
alitas: el volar drónico, sobreviven
sólo si se toman su peso en néctar
cada día, un corazón grandote
que oxigena sus prisas, el cerebro
más agudo que un botánico, pueden
llegar a los 18 años, añadiría yo
por puro gusto que en su aparecer
y desaparecer se mueven frente
al observador como esas partículas
de que nos habla la teoría cuántica,
donde no veo sino la ubicua sonrisa
de mi padre muerto...; si todo esto
se predica de ellos, lo mismo quisiera
conseguir en un poema: un tal vuelo
alrededor tuyo, florecer para que de él
bebas dulcemente tu dulzura propia,
latir por tus besos, en cada verso
no perder la ruta exacta a tu jardín,
no morir el día señalado y continuar
frente a tus ojos en carne y hueso
tanto como le sea posible a su ritmo

CURANIPE

un buen día me iré a Curanipe
porque sí, a morir en su playa
como un cetáceo invisible,
nadie me verá llegar por ahí
ni se espantará de mi última
desnudez, quedaré un largo
tiempo sobre aquellas arenas
pudriéndome, golpeado
a ratos por ese oleaje ciego
pero sonoro, al principio
me creerá uno de los botes
hasta que una noche clara
va a despertarme a la cita
con mi muerte propia y final
y no habré dejado otra huella
que un corazón inexplicable
cuyos nombres borró la mar,
aunque se recordarán en el de Irene

POEMA DEL MUNDO

la verdad sea dicha (ahora que justo
pisqa chunka pisqayuq watayuq kani):
escribo los poemas que escribo solo
para ti, pretendiendo con el lenguaje
hacer un retrato de lo inrretratable
de tu belleza, aunque los mentados
no lleven todos y cada uno inscripto
tu nombre, sí la εἰρήνη que nombra
tu particularidad entre las mujeres,
la gota de luz que eres en el pozo
oscuro del que soy antes de haber
sido, cuando la tierra se formaba
allá... y los cataclismos eran hostias
de cada día, aunque nadie midiera
el tiempo de esta manera rupestre

por eso es que cuando hablo de algo
que pasa en el mundo de ti se habla
en ellos, cuando digo que en mi país
pasan cosas tan tristes que no tienen
perdón de nadie; y si de tus párpados
azules de un vaivén marino de esos
habla mi avatar = poéticus narcissi
a la orilla de tus rizos, sobre el agua
erguida tú como nuestra 5/6 foot
high GHz parabolic antenna, sola
vía unitiva que nos cabe sostener,
ni catafática ni apofática, esposa
bonita en este abismus de caelum
que llamamos Gea, tuya es la gloria

así hablo del mundo, así hablo de ti
y más no quisiera que amarte bien y
haber imaginado, que el cantar así
no se me dará nunca, esta canción:

en la que como un Giordano Bruno
en balada gear me pongo a sopesar
los pros y cons que los modernos
hallarán en nuestro cosmic pluralism,
que el universo como tú y la cruda
muerte que me tocó son un campo
dei fiori que de florecer y desflorecer
no ha parado ni un momento

EN GUARANÍ TE PIENSO

ahora, y después de que hemos leído
y jugado con ese glosario de Wilson
Bueno, te pienso en guaraní, aunque
con esas palabras sueltas, que más
no sabría articular, apenas alcanzo
a cifrar con ellas la mediterraneidad
de tu origen desde un mar paraguayo
que no soy, iguasu eres cuñá, panamá
de mi pi'á, mboiraîhu contigo all day
long

y sí, no son más que Tupían pajaritos
de un verbo que para nada conjugo,
tan necesarias en sus vuelos sem
bran-me estas apropiaciones verdes
para tu verde cintura que se levanta
como un oleaje selvático a tu pecho
y en la otra dirección desde arriba
salta a esa poza que triangular
luces

como teóloga de la jungla que eres,
transmigrada a este otro mundo
por un amor nuevo, tu catecismo
es el del cuerpo, el del tuyo
propio y mío por tu querer,
ava ri tekuára

2.- EL ORO DE LOS DÍAS

Cobra Kai

de esto no sé nada, tal vez
porque no recuerdo la consigna,
pero igual escribo un texto
que refleja las desconexiones
del sistema en estos días,
parte de nuestras vidas
son las páginas que se caen
y nos dejan en ese vacío
que sólo lo llena una película
o una serie, la mía ha sido
Cobra Kai y ya me puedo
defender imitando esas artes...

la vida nueva

la casa se tiene que cerrar
por cambio a una mejor,
nada nos llevamos, todo
queda allí, los trastos
y los recuerdos, hay
que partir limpios,
como decía Machado,
aunque nosotros no nos
vamos al alto cielo,
sino que a otro barrio
con jardines más floridos
y con menos pasado...

Borges dixit

no hay derrota y si la hubiera,
hipotéticamente, me inclino
por lo que nos dijo ese hombre
que ya casi no veía, en ella
está, como una rosa serena
que brota después de un sordo
disparo, la única dignidad
que podríamos llegar a conocer,
y no se diga más...

bibliotecas personales

hoy ya parte de nuestra biblioteca
personal está en PDF-s, que no
leemos sino de pasada, el resto
online, pocos o todavía muchos
libros adornan las habitaciones
en silencio sepulcral, por lo tanto
me tienta concluir con que ellos,
si los abriéramos de verdad,
nos hablarían más de nuestra
muerte-amén que de la vida...

testificar

todo testigo miente
porque no cuenta
lo que pasó, habla
de sí mismo,
de lo que cree
haber presenciado,
por eso cuando está
bajo palabra falta
a la verdad por principio,
por muy inquietante
que sea y se parezca
a los hechos no hay
testimonio que valga,
menos el de la vida propia

acto psicomágico

me contaba un amigo que al hablar
de su mujer en las sesiones
de terapia, tosía, entonces la doctora
le llamó la atención y él cayó
en la cuenta de que, como le dijo,
no te sale lo que quieres decir,
se te queda como un cuesco
seco de durazno en la garganta,
y le dio la clave, un poco
a lo Jodorowsky y sus psicoactos
mágicos, tienes que volver
al árbol del amor y abrazarlo
cada día al amanecer y al anochecer
de modo que en unos meses
volverás a sentir la carne dulce
del fruto y no te costará ya
pronunciar su nombre, el de ella...

autoayuda al por mayor

(audio)libros, revistas, CDs,
websites, apps, podcasts,
tutoriales en YouTube, charlas
en TED o elsewhere, la autoayuda
viene en todos los formatos,
incluso en cómics y children
lit., es camaleónica y bien
que así lo sea, si se necesitan
palabras de aliento por qué
escatimar en esfuerzos
por hacerlas llegar...; también
a los poetas a veces les llega
uno de esos momentos,
de ahí que a Eugenio Tisselli
se le ocurriera eso de *poesía
asistida por computador*,
que otros han imitado, a mí
me gustaría eso sí escribir
un poemario de autoayuda
que se llamara *Siervo libre
de amor*, que no sólo de eso,
obviamente, sino que al hacerlo
le daría las claves al poeta
para salir por fin del laberinto
del romántico enamorado
que infesta las letras, de modo
que se propusiera una poética
cosmológica que lo dignificara,
es hora y no hay ya excusas...

the last man standing

el último hombre (mujer, puede ser
también, y ojalá) mira desde una colina
la selva de cemento que ha dejado
atrás en ruinas, todos los suyos
muertos de una muerte inenarrable,
sabe que hay otros (u otras) viendo
lo mismo en cercanos o lejanos
puntos del planeta, que se buscarán
como sobrevivientes y que empezarán
una vez más la odisea homo y que un día
llegarán a la luna de nuevo y etcétera

espejo espejito

conozco a una persona que vive
24/7 en el espejo, cualquiera
de los muchísimos que adornan
las pareces de su casa, incluidos
los portátiles de bolsillo, también
los del auto, todos, y, por cierto,
las pantallas de sus aparatos
electrónico-digitales, allí habita
y cuando no se encuentra en uno
sabe que alguno de los otros
le devolverá el alma al cuerpo

el oro de los días

no hay otra riqueza a la que aspirar
sino el tiempo —el dicho dice que,
claramente, el tiempo es oro—,
es lo único que tenemos, la vida
misma es eso, su propio transcurrir,
por más que le busquen y encuentren
otros secretos bajo lupa y juramento,
no se necesita insistir en la materia
ni convertir este poema en un objeto
parlante y filosófico, mucho menos
salir con una metáfora nunca antes
oída —no las hay, todas son una
y ya fue escrita con un llanto
silencioso sobre el primer sepulcro—,
tampoco volver a los poetas
que le recordaban el implacable
paso del tiempo a una mujer joven
ni a aquellos que nos hablaron
de la usura de éste, basta apenas
darse cuenta que tal cual sin más
eres una portada de *Forbes* andante

el observador

me pregunto si será lo mismo
aquello de que la belleza está
en la mirada del observador
y eso de que éste sea la base
consciente del Universo y
que sus ojos matemáticos
crean la realidad y afectan
el comportamiento de lo visto,
o sea, si la compasión amorosa
tendrá algo que ver con el sueño
de la cuántica y ahora, se piensa,
con el diseño biocéntrico...,
curioso y teóricamente contra-
dictorio, pero estas preguntas
me distraen de mí mismo,
para algo que valgan, me digo

trasplante

si tuviera que hacerme un trasplante
al corazón y no fuera posible acceder
a un donante de mi misma especie
(mejor que no por lo que digo abajo),
me gustaría —y lo dejo aquí escrito
como un ejercicio de sana voluntad
de paciente en pleno uso y abuso
de sus facultades— que me pusiesen
uno artificial, de esos que los habrá
en el futuro, hechos a imagen y mucha
semejanza del nuestro, cuya ingeniería
genética espero se haya asegurado
de que no se colara lo peor del bio-tipo
emocional que nos rige y echa a perder
las buenas voluntades, así sea, ojalá,
para que no se me provoque un rechazo
sistémico y fatal que haga pobre noticia
en los medios de comunicación masiva
y no le dé un dolor innecesario
a mi madre —que tengo apenas 5 años
y aún *soy un corazón tendido al sol*

3.- HABLA LUVIN

L[O]UIS O EL SUEÑO DE LUVIN O LUDWING

acabo de descubrir, escuchando
la radio Bío Bío tarde en la noche,
de madrugada, que ya tenía
desde temprano en los 2000
la vida escrita y cantada,
medio poeta el señor, alguna
canción a su haber,
huuo huo huo huo,
que me había ido a los Estados
Unidos, que por allí andaba
soñando *con escenarios,*
con *mujer e hijo que* enamorar,
edad la misma que me percibía
la gente y yo, qué duda cabe,
en el espejo del celular a diario
no sin saber que todo se va
apagando en uno y el universo,
que el tiempo es el estribillo
inevitable de cada acorde,
y que mi nombre artístico
en el fondo era el que yo creía
mío de nacimiento, en honor
de mi abuelo materno,
pero como yo estaba medio
dormido oí que Franco
de Vita pronunciaba Luvin
o Ludwig, el que entonces,
ahora que lo pienso, habría
podido ser mi nombre verdadero
si continuaba metiéndome

más y más en plan onírico
y radial en ese dualismo
borgiano en voz de cantante
popular, cosa que en vez
de reveladora, en el instante
aquel como en éste, resúltame
una majamama en mi fuero
interior, con lo cual a concluir
vengo que no me queda claro
quién maneja el taxi del video

ni qué fue lo que dijo el cura
on behalf of my beloved parents
en la pila turbia del bautismo

EMIGRANTE

emigrantes todos y cada uno,
cómo llegamos a esta tierra
no lo sabemos bien, salimos
del mar y no lo recordamos,
aunque el espinazo lo dice,
dejamos eras geológicas
sin tener piel todavía, caímos
de los árboles como hojas
y empezamos a correr
para que no nos alcanzara
el otoño de todas las vidas
[... *por una mujer me volví*
cazador, valsecito que suave
guarda un recuerdo olvidado],
algunos nos fuimos a otros
continentes y de ahí hemos
ido devorando el mapamundi
como si fuera un sándwich
para este apetito de termitas
relicarias que llevamos dentro]
....
hoy y desde ayer y siempre,
sin saberlo bien, de nuevo,
incluso estamos e-migrando
a los computadores, pronto,
más temprano que tarde -si
nos saltamos la simulation
hypothesis con su extreme
purpose- podremos nuestras
conciencias depositarle, que

el alma cognitiva es data
after all, que podría morir
creyendo volver a nacer
if only I was plugged into
a final virtual reality experience
to be repeated in a sequence
of digital/quantum/or ... dreamer
archiving previous dreams
as we keep on living odiando
esa felicidad de películas y
adorando el no sé qué de ser
y no ser en un immersion game
while bits of us are extracted
somewhere > out there -once
upon a time there was a real
world where you were
in your head reading this
....

en fin, qué más les digo
-tampoco lo vemos
ni lo sentimos en los pies-
: vamos a ninguna parte
en una burbuja azul de + de 4.
54 billones de añitos de su edad
girando alrededor de un fuego
que calentará este laboratorio
de nadie for so long, amen y
las gracias sean dadas to Thy
....

... por ahora somos tantos
los que tenemos que cruzar
un río, un pedazo de mar,
un desierto que acaba en muro

LA CANCION DE EDRIK

tenía el cuerpo todo cortado,
las muñecas, todavía se pueden
ver las cicatrices, el corazón
hecho añicos, pero todavía
había algo en mí que no moría
y era mi alma, estaba intacta
y me hizo salir de este dolor
que llevaba en la espalda
cuando iba al metro para ir
a trabajar, pensaba ahora
me lanzo pero no me lanzaba,
estuve así de terminar roto
en un psiquiátrico por atentar
tantas veces contra mi vida
y mi alma seguía conmigo
como una perrita fiel y
me trajo gente que me habló
bonito y dijo que yo tenía
que hacer algo nuevo,
educarme con un oficio
porque era la sola manera
de imaginarme de aquí
a diez años, que los restantes
vendrían todos de uno en uno
con la alegría de haberme
hecho un hombre feliz,
la familia y los buenos
amigos, ese es el secreto,
por eso estoy dando testimonio
para este vídeo de Súmate

del Hogar de Cristo, ojalá
mi experiencia inspire
a hartos de nosotros,
yo viví pa' contarla
y no me arrepiento niún día,
cuando me pongo triste
le hago cariño al almita
y me acuerdo de ustedes

TODA HIJA Y YO TAMBIÉN

toda hija —y esto al revés
vale casi lo mismo, creo,
para los hijos— debiera hacer
un simple ejercicio que facilita
hoy la tecnología, ya no hay
que esperar a que se la traigan
los sueños y su lenguaje
de dioscuros, digo, la revelación
del amor que buscamos y no,
basta ahora hacerse, cuento
o truco parézcale a quien
le parezca, un holograma
con su padre, a la edad
en que la tuvo y crió los primeros
años, a un lado, de preferencia
al izquierdo, y al derecho
ella, hasta no más de 39
(luego el experimento
se complica y se desvirtúa
porque la hija se empezará
a ver como si fuera la madre
de su padre y tal cosa
llevaría a otros ejercicios
que no son del caso aquí),
proyectarlo en una pantalla
grande por horas, pero solo
unos minutos y se comprende
lo que tanto se necesita(ba)
comprender...,
esto lo aprendí viendo

el documental *50 Years*
with Peter, Paul and Mary,
cuando entrevistan a la hija
de Noel Paul, Kate Stookey,
more so than Ann and Liz,
pues hice con ambos, mientras
él canta su "Hymn" y ella habla
de what was at the core of his
father's music, ese holográfico
duet in my mind y en el acto
entendí el llanto súcubo —y
hecho canciones de cuna
para transformarlo en notas
con las que continuarnos—
de la mayoría de mis amigas
y de *las mujeres de mi casa*

TRENES

1.   todavía me siento a ver
pasar los trenes, a sentir
esa rara sensación
que da cuando llegan
por fin a ti y al punto
se van, no acabas
de saludar con la mano
al maquinista y ya
aparece la despedida
como la larga cola
de un dragón de fierro
que a veces lleva
al final de ese aguijón
del tiempo otra cara
que te queda mirando
desde un silencio
que se expande contigo

2.   un tren se alarga
desde mi garganta
hacia el punto
más oscuro de la noche,
va desde el grito
al silencio sin parar,
apenas un rastro
en el aire desvanecido
y en un parpadeo
nada sino el túnel
que ya no tiene boca

y que se traga
como una serpiente
todo lo que quería
decirle a mi padre
que iba en la máquina
a carbón silbando
su canción de siempre

DÍA DEL PADRE (UN)DISCLOSED
[21/06/2020]

veo que en Facebook y otros
social media casi cada quien
saluda a su padre y le desea
lo mejor y le agradece
sus trabajos a los que están
vivos y a los ya muertos, yo
quedaría circunscrito
en esta categoría si subiera
un post de esos, solamente
que prefiero buscarlo solo
con un poema en silencio,
pronunciar su nombre
—como si le leyera una vez
más el alfabeto que fue
nuestro juego favorito
aunque le recitara
de corrido a esas alturas
las *Canciones de Arauco*
de Samuel Lillo—
y morderme la larga pena
de estos años con rabia
para que brotara
de mi lengua no sangre
sino un vino de alegría,
uno tintito de sus lares...

y la tentación, acabado
el poema en cuestión,
ponerlo o no ponerlo

en las redes..., total sé
que me diría que veamos
cuántos likes nos llegan
mientras nos comemos
unos picarones pasados
como los de El Naturista
pero en casa ahora
por la famosa cuarentena

UN DESCONOCIDO

cómo no, si no me conozco
ni a mí mismo —que es espejo
y filosofía de cualquiera—,
mi madre sabe que parió
un niño, estuve en brazos
de mi padre y él fue el único,
pero se murió sin decírmelo,
mi hermano me mostró
sus novelas adolescentes
y allí me vi lector penitente y
con eso se abrió un coloquio
que no cesa ni en los silencios,
mis amigos saben que escribo
y no hacen burla de mi sintaxis,
> y no digo ni soy ni perfecto
arriba en el título del poema
porque sería tanta pretensión
que acabaría creyendo que existo

LA CASA QUE NUNCA FUE

me he pasado la vida imaginando
desde niño la casa —en sentido
genérico— donde me instalaría
a existir simplemente, libre
de urgencias, la busqué sin parar
por las calles, me hice de una
en una ciudad sin mar y la quise
aunque supe que no iba a morir
en ella porque he vivido cada día
para otros y así me volví un ser
itinerante, servidor, garzón feliz
de emociones y horas ajenas,
pero pese a todo le robé tiempo
al tiempo para escribir algunos
pocos poemas que no tienen
más propósito ni tema ni misterio
que ofrecer *una pausa*, algo
de *paz* a los que amo, un hogar
secreto *quizás* para sus sueños
mientras me convencía, solitario,
de que el mío fue siempre
una tumba inubicable, incluso vacía
de mí y en nada de esto hay dolor

CATÁLOGO COMPLETO

ahora que a los cantantes
de fama se les ha puesto
vender el catálogo total
de sus canciones, así
Bob Dylan, Neil Young y,
claro, la mismísima Shakira,
entre los más noticiosos,
a mí se me ha ocurrido
la jocosa idea de seguirles
y sumarme a la tendencia,
lo único sería encontrar
una editorial como no la hay,
que se juegue a competir
con poemas sospechosos
en una partida que con poetas
mayores, si es que apostó
por la poesía —el género
más pobre aunque sobreviviente
y primero, según Vinicius
de Moraes—, pierde cada día
y no se ve que la gente
cambie su hábito antropológico
por los relatos y vuelva
al canto con música callada
del poema que también
nos cuenta lo que somos,
sólo que en un lenguaje abstruso
que tiende a lo legible y solitario
de nuestro *animal de fondo*
que se ríe de ésta mi pretensión

desde un árbol hermoso
como una antena parabólica o,
mejor, como un telescopio gigante

CARAS Y + CARAS

suelo ver caras en las cosas,
en especial entres las ramas
de los árboles y en los troncos
mismos, las tales casi siempre
se quedan un buen rato
y las observo como si fueran
de personas que me hablan
sobre algo que urge, pero
como en su totalidad
no las conozco no entiendo
y me devaneo el cerebro
para encontrarlas en algún
recuerdo y nada no son
tal vez más que juegos
del viento serpentino, otras
se desvanecen sin dejar
rastro como una herida
que de pronto sana...,
busco en Internet que qué
significa y hallo de esto
su nombre, pareidolia,
y alentadoras explicaciones,
que las conexiones cerebrales
funcionan bien y que estamos
conectados para lo cual,
leemos mejor, y desde siempre,
un rostro que un libro cualquiera,
de modo que he dejado
de creer que padecía solo
de una fantasiosa condición

desconocida para la ciencia,
y que, por lo mismo y río,
me hacía un ser especial...,
ahora, lo útil de esta ilusión
óptica lo encuentro en un deseo
sencillo que hace largos años
me persigue, y sin pretender
lanzarme, claro, a la hierofanía:
quisiera que este poema
fuera sobre el papel
el caligrama de ese amor
que nunca llegó
y que me habría dejado
en llama viva de solo verlo,
un tatuaje ardiente reflejado
en el fondo marino de los ojos
que en nada se contentan
con haber nacido sin luz propia,
como un Godzilla tamaño
medio y fallido de fábrica

EL ORIGEN DEL HOMBRE

yo estudiaba el abecedario
con los libros de la Biblioteca
Salvat de Grandes Temas
sobre la mesa del comedor,
bajo la muy atenta presencia
tutelar de la madre y el padre,
mientras el hermano aprendía
sobre la vida con sus números,
uno de los que me intrigaba
más —y hasta hoy, la verdad—
era aquel titulado *El origen
del hombre*, siempre le tuve
un amor a nuestros lejanísimos
antepasados y a la odisea
que nos trajo hasta aquí, habría
sido lindo haberme dedicado
en cuerpo y alma a ese estudio,
pero me dijeron en la escuela
que ninguna ciencia iba a ser
mi camino y terminé de profesor
de literatura y muy Académico
de la Lengua, no me arrepiento
ni un palmo, sólo que mi poesía
los busca a todos esos hombres

CIGARRAS

ellas allí en lo invisible son
el canto oscuro y ferviente
de la procreación,
una súperfamilia of clear-
membraned wings
loudly bugging a los aires
but never begging
for their existance from
May to June this year
and forevermore,
y todo lo que nos molesta
de oírlas sin cesar,
esa invasión
que sentimos se nos viene
al mundo nuestro
podría verse lo mismo
que nosotros somos
las cigarras en humano del resto

LA FAVE FOTO

tiendo a pensar que sólo estamos
juntos ya en esa foto tú y yo,
padre mío, allá arriba
en la cordillera, en cabalgaduras,
recuerdo tan bien los sinuosos
senderos de subida y bajada
y mi corazón apretado
con los ojos fijos en las patas
de tu caballo al borde
del abismo y tu voz siempre
serena diciéndome que ellos
saben lo que hacen, nada más
necesitan de tu confianza..., y
hoy la vuelvo a contemplar
largamente, para oírte otra vez
y creo entender que me dices
que me mire el dorso de las manos,
que allí estás en mi propia carne,
que ya me lo habías explicado
al oído cuando fuimos hace 14
años al crematorio a buscar tus cenizas

UNA PENÉLOPE DE MUCHAS PATAS

ya son días que ella se cuelga
fuera, en la ventana del patio,
después de las 7 de la tarde,
teje paciente su tela de araña,
la miro y admiro tan laboriosa,
pasa toda la noche en lo suyo
y a alguna hora, me lo imagino,
se llevará a la boca y, hambrientas,
a las de sus crías, algún premio,
lo maravilloso para mí que hago
algo similar, pero dentro de casa,
hilvanando versos para nadie,
es que a eso, no estoy seguro
de lo exacto porque me duermo
casi siempre un poco antes,
del despunte del alba de estío
ni mi amiga arácnida ni su obra
están más allí donde estaban,
obviamente que la he llamado
Penélope y la espero otra vez
esta noche a esta metáfora
de la vida, en palabras precisas
y razonables de mi amigo Ethan
cuando le acabo de contar el cuento

LAS COSAS SIMPLEMENTE

algo que no he perdido del niño
que fui —y lo recuerdo a él
como lo haré con este sexagenario
casi desde la eternidad sin sol
de los hombres— es ese hablar
casual y alejado de cualquier
intento poético, aunque ahora
quisiera convertir esos diálogos
del olvido en poemas para una hija
que no tuve, con las flores, perdón
a todas si pisaba alguna, igual
con las lagartijas cuando
les cortábamos la cola, con el agua
hasta de una poza en la calle,
con los insectos de toda nombradía
que sigo adorando, pocos juguetes
hubo y estoy seguro que a la larga
ha sido una bendición, soy hijo
de una pantalla que no simula
el mundo, pero como cualquiera
voy emigrando y hablo —sollozo
a veces traspasado de nostalgia
del futuro— con las formas digitales
de la ausencia, yo mismo una...;
no habiendo leído todavía
en ese entonces a Yanis Ritsos
me sorprendo de estas coincidencias

CAFÉ MAÑANERO

hay algunas y algunos
que vienen al Sips
con su perro o perra,
eso se distingue
fácil[mente] se sientan
con un café en la mano
y los acomodan
alrededor con the leash
on, a veces les traen
hasta juguetes, agua
siempre cerca, abren
sus laptops o sacan
los smartphones, de vez
en cuando les dicen
cosas al oído
y vuelven a la pantalla
casi sin otro eye
contact, y así por largos
ratos esas dos criaturas
del Señor se acompañan,
la una se busca
en el paraíso virtual, la otra
ya quiere volver a casa,
no sin antes corretear
pájaros en el parque..., ésta
es una escena de un domingo
cualquiera, hoy yo me decidí
por traerme un libro de poesía
que habla sobre la vida
en Internet, ese *Mester*

de cibervía que leyera ya
a principios de los 2000
y que, muy clásico en sus nodos
y símiles sobre la Red, sigue
siendo de referencia, regreso
a mi cafecito y a la mirada
de una canina lánguida,
como esas ninfas pensativas
de Alexander Pope,
antes que esto se me convierta
en una especie de reseña
tardía que ya se me hace
tarde para ir a almorzar

MONSTRUO

y yo que no soy de horrores,
para mí hay un monstruo
terrible, algo como un insecto
controlado ya se sabe por quién
y que vuela y se abraza, cuatro
patas y una sierra secreta
donde en nosotros el ombligo,
corta el tronco a baja altura
y troza el cadáver, ordena
la materia prima y sigue y va y
se posa en otro y otro y otro
árbol para cumplir al pie
de la letra chica civilizatoria
su mandato deforestador...,
buscaré el nombre instrumental
de este abejorro imperdonable,
conectado umbilicalmente
a nuestra conciencia..., caigo
en cuenta, sin embargo, necesito
papel de baño, me han publicado
libros, me tomo el buen café
del despertar en un vaso de cartón
blando aquí en el Sips, volveré
a casa hecha de madera en gran
medida en los años 20 del siglo
pasado, al frente levantaron
un conjunto residencial, casas y
departamentos, cuyo esqueleto
desvanecidamente todavía huele
a bosque de esos que se cultivan

para el caso y que sepultaran
uno nativo que también terminó aserrado,
ni mencionar me atrevo el Amazonas
y sus dorados depredadores...,
ah, que no me olvide de googlear
por ese bicharraco que si quisiera
hacer un guiño intertextual lo incluiría
en la categoría de *perros del paraíso...*   .

CANTO POR ANGELITO

a mí me gusta imaginarme,
y se lo digo a la mujer
que me dio a luz hace 60
años, cuando ella iba a cumplir
sus 24, toda la hermosura
que aún le sobra, como aquel
niño siberiano que han encontrado
en un kurgan de hace 4.500
de este presente onomástico
en el que celebro esta ya larga
edad mía con una llamada vía
WhatsApp para decirle que de ella
es mi fiesta porque soy su regalo
y para mí la vida plena que tengo,
el ajuar funerario del infante,
enterrado en una cuna de corteza
de abedul, incluía pequeñas y
misteriosas figuritas de animales,
juguetes mágicos que no alcanzó
a corretear y que a las finales
lo cuidarían en su afterlife, así
mismito, fantaseo con mi madre,
quisiera quedar dormido para siempre
con ese cocodrilo de goma que verde
lucía sobre el escritorio paterno, igual
con esa fauna diminuta de porcelana
que estaba en el aparador de vidrio
del comedor y con ese tren sonriente
que la abuela y el abuelo le heredaron
a ella y que sigue impecable, por casco

yo quisiera esa gorra de maquinista
de nuestro padre y que no existe más,
nos reímos y me asegura que tal
cosa habría hecho con su angelito,
no llora porque sabe que cuando muera
moriré yo también y que en su útero
todavía hay un móvil girando para mí

INGENIERÍA SOLAR

aquí sentado en mi café de casi
todos los días, con un black coffee
en la mano como de costumbre,
iPhone ready, rechazada la idea
de perderme en responder emails,
superada la tentación del social
media, cerrada la antología
que me traje para inspirarme,
habiendo cruzado palabras
amables con algunos parroquianos
y una que otra broma inocente
con los que atienden, medito
feliz de no sentir que me ronda
las sienes como una abeja
lapidaria —y me da pena caer
en esta comparación que las bees
no tienen la culpa de nada y
nosotros para más remate
las traemos a punto de extinción—
un poema cualquiera de esos
que se te vienen con su aguijón
y a veces, raras, dejan en la boca
después de terminado, if,
un gustito a miel, aunque nunca
del todo dulce como quisiera
uno, en sus mejores momentos
hacer una pequeña ingeniería
solar con los versos like they do
con el néctar de las flores
que ahora veo al otro lado

de la calle a través de la ventana
y que a la amada telepáticamente
se las envío mientras celebro
que hoy no hay poema que escribir

4.- ADELANTOS >

4.1   SANTAS

ROSA DE LIMA

un día, lejano como aquél
en que una lluvia de rosas
caerá sobre las cabezas
de los últimos niños
del planeta, un equipo
de antropólogos forenses
dedicados a reconstruir
las facciones del yo
lírico de ciertos poemas
arcaicos de un siglo XXI
de una era que dieron
en llamar antropocena,
con la ayuda de peritos
odontólogos, se sorprenderá
al ver que el de éste
corresponde al de Santa
Rosa de Lima sonriendo
al cielo desde un jardín
agónico y llenos de gracia
sus ojos, donde se leerá
por fin que el demonio
no existe, que haber creído
en el mal fue el mayor
error de los hombres

TERESITA DEL NIÑO JESÚS

a poco de haber hecho su ofrenda
al Amor Misericordioso de Dios,
se dio cuenta, al irse a desvestir
en su celda, que tenía una herida
entre sus pechos, una pequeña
quemazón que no había sentido
en su momento y, sin mediar
otra idea, recordó haber leído u
oído que ese fugaz —no fulminante,
en todo caso, dicha sea la purita—
vestigio ígneo en su tersa piel
tiene que haber sido uno de aquellos
nano-meteoritos que los creyentes
han querido llamar desde siempre
encendidas flechas de amor divino,
es que ella entendía en silencio
que la ciencia celestial de la fe
sólo podía ser dicha con palabras
que emocionan el corazón cándido
de las almas y que la suya sería
la historia de un camino nuevo,
muy recto, muy corto y nacido
al inicio de una era que con algunos
de sus inventos probaría que la mente
de esta Florecita había ya imaginado
los lanzamientos de nuestros cohetes
y que la última alegría que tendremos
nos caerá como una lluvia de rosas
a la hora de la muerte de quienes
no habremos salido entonces a otra tierra

NAMMU

el breve espacio de este poema
lo debería haber ocupado otra
santa, cuya historia perdida
apenas queda en algunos pocos
retazos en la de otras figuras
de esas religiones sucesivas
de los pueblos del Medio Oriente,
madre olvidada de los dioses
sumerios y de los humanos
desde entonces, hija en tránsito
de adoraciones antiquísimas,
abuela esencial de nuestras
deidades artificiales por nacer
en una galaxia que ya nos espera
y a la cual llegaremos encarnados
en un metal inteligente, una de ellas
llevará por nombre el de Wangulén
en vago recuerdo de una de las etnias
que habitara en un rincón de aquel
primer planeta azul que se tragó
el inmenso amor de su estrella...,
como queda claro no lo ocupa
aquélla sino esta heredera alada
de su maternidad todopoderosa

4.2   ABC AMANDI

REPITO A WISŁAWA SZYMBORSKA

a medida que las páginas
de mi *curriculum viate* aumentan
mejor la entiendo, su poema

no era un puro ejercicio de paródica
modestia, sino un maternal reñirnos

REPITO A ROGER SANTIVÁÑEZ

también yo me he declarado
toda la vida con la mirada
y lo que me han respondido

lo fui sumando con compasión
en un *abc amandi* de ojos vacíos

REPITO A ELVIRA HERNÁNDEZ

hay pájaros en mi ventana
que vienen de lejos y más lejos
se irán, somos dinosaurios

me dicen con un canto insomne
de niños que se salvaron del fuego

4.3 MINIATURAS

PÉTALOS AL SOL

toda tú, a juzgar
por la lozanía de tu piel,
eres una flor recién amanecida
cuando extiende sus pétalos
al sol que la llama desde lejos
a que se despierte sonriente
en medio de un verde paño
de alegría, razón de vida

NOCTURNO

después de la lluvia, esta noche
se ha vuelto un bullicioso silencio
de criaturas a la deriva de las horas
muertas que se mecen en vagos
recuerdos sin encontrar la trama
de aquello que alguna vez
fue la alegría plena de dos cuerpos
en nudo ciego entre las sábanas,
cómplices del amor y sus arrebatos

ART NOUVEAU

cuando he visto, por primera vez,
tarde en la vida, claro, esas figuras

humanas, joyas del Art Nouveau,
que son criaturas fantásticas
a la vez, gemológicas princesas,
sentí que la *Libélula* de René Lalique
era un poema de amor directo
al corazón, y yo me quedo con ella
entre todas, cual *delincuente honrado*,
porque se parece a ti en cada detalle

CAFÉ BARÓN

desde esta nueva terraza
contemplo, casi por vez
primera, este ondular
de cerros que caen
al mar plantados de casas
y edificios, quedo frente
a ese arco amarillento
del Congreso (me manda
un mensaje la Pachy
que se cruza con estas líneas
como una gaviota de cariño),
no quisiera partir, siempre
tengo que irme a mi otra
patria, dejo pendiente
tantos planes y recorridos,
pero sé que volveré, lo dije
en un poema imitando
a un poeta que también canta,
a mecerme feliz en polvo
sobre estas aguas que miran
el ajetreado vivir porteño,
habrá un año más y otro y
15 antes de eso, bebo el último
sorbo del cortado y bajo
a ser ellos por un momento
que después viene *la hora*
de partir... al aeropuerto de Santiago

ANAYAK

vuelvo y vuelvo al Anayak,
aquí he estado con mi amor
y con los amados amigos,
hasta con la madrecita
comiendo pepitos, todo
me gusta y lo que no también,
no vengo para que cuelguen
mi retrato y bio en las paredes
o columnas, sino para ver
a sus garzones ya de edad,
con esa elegancia y buen trato
de otra época, un lejano
modo de vivir que jamás fue
mío, al mirarlos en su quehacer
recuerdo que yo quise dedicarme
a este oficio, habría sido uno
de ellos, estudié para eso
en la Industrial de Hotelería y
Turismo justo antes
que desapareciera el mismo
año de mi graduación, reliquia
por décadas, pero se me metió
el bichito de andar el mundo
y me ha tomado más de 80
días recorrerlo y sólo vuelvo
a mí de vez en cuando
y hablando extranjero en su patria

PURO CAFÉ

muestro mi pase de movilidad
y entro a tomarme un expreso
(descafeinado a estas horas
de la tarde) en el Puro Café,
en una de las esquinas al mar
de la Plaza Victoria, escenario
de tantas justas entre los unos
y los otros, y como de costumbre
una vez más estoy por partir
al norte anglo de las Américas,
aunque de hispana tuvo siempre
nombre, historia y doliente figura,
nada es ni será puro en esta vida,
salgo en un par de días a ser tan
extranjero allá como acá, Verito,
la dulce compañera de mi madre
anciana, me llama con ese mote
y nos reímos de esta condición
de pasajero perpetuo, ella sabe
del costo existencial que implica
eso y yo de todas las learning joys
—no griefs nor grievances allowed
en mis mochilas del transtierro—
desde hace casi ya 29 años, y siguen

4.5   POEMAS DOCUMENTALES

POST-GÉNESIS

la tierra y el mar son de ellos,
de los que viven sin querer
hacer más que tal cosa,
que tienen nombres nuestros
pero no nos pertenecen,
no doubt about it, aunque
nos contemos la misma vieja
historia, la propia, en tantas,
todas las lenguas y hayamos
poblado más de la cuenta
la superficie y los árboles
nos hayan servido para fuego,
canoas, cruces, e incendios
para darle un claro ominoso
a la agricultura y la minería
y a un jardín de rascacielos...,
y Japón vaya a tirar sus aguas
sucias por la borda de sus costas
sin recordar que ellos danzan
con nosotros la única primavera
de que se tenga noticias, teorías
hay y no andan tan alocadas,
pero esa es otra cuestión, ellos
podrían habitar lejos de aquí
como también pudieran haberse
secado en planetas invisibles
aún hasta el polvo desenamorado,
sin mencionar los del vecindario

POEMA DOCUMENTAL

en Bali tienen un día de silencio
total e incluso es mandatorio y
eso me hace pensar que sería
tan saludable, aun para la piel,
globalizar esa bendita costumbre;
en México vive el verdadero Bat
Man y se llama Rodrigo Medellín
y el agave le agradece ese amor;
... hablamos Yamnaya, la verdad
sea dicha, también heredamos
de aquellas oleadas migratorias
esa idea del héroe conquistador
que tenemos de nosotros mismos
—y yo y otros poetas el agridulce
gusto por los kurgans y epitafios;
... en fin, hay tanto que no sabemos
y no queremos saber, contentos
de estar en la primera y la última
páginas de nuestra abreviada historia
de todas las cosas, lugares y tiempos

REFUGIADOS

no hay nada más triste —tal vez, y
sólo quizás, la muerte en sí misma—
que ver a refugiados en peregrinaje
a (digamos, por decir algo, difícil
precisar a dónde se escapa o, mejor,
se huye desde una zona de conflicto
que amenaza las vidas de civiles...)
la libertad, apenas cargando niños
y algunos pocos neceseres, Mariupol,
por ejemplo, queda atrás arrasada
por bombardeos y el asedio, la madre
rompe en llanto, la periodista trata
de obtener un breve relato imposible
de su angustia y del origen del trauma
que la perseguirá por generaciones,
luego se da paso a una cobertura
de tema relativo, cómo ciudadanos
de la capital intentan proteger/cubrir
(con plástico y otras armaduras ad
hoc medio improvisadas) el patrimonio
cultural, palacios, museos, estatuas y,
por cierto, la Catedral de Santa Sofía

POEMA HOLOGRAMÁTICO

estoy escribiendo este poema
de manera que ante los lectores
se vuelva un holograma y muestre
al poeta redivivo en esa tecno-
bio-poética, tal cual se comienza
a usar ahora y ya desde algún
tiempo a esta parte con cantantes,
como Whitney Huston —reflexión
obligada: más populares resultan
quienes interpretan las letras
que los que las escriben, mudos
tras la voz que juntas las expele
por la garganta cual si un ardor
transgénico de corazón fuese—,
aquí en esta superficie en 2D
lo (re)presento gracias a ese arte
fotográfico que aprendí de luces
sobre su verbo frustrado de sí,
lo simulo en 3D, contenido todo
él en su más íntimo pasado,
presente y futuro, ciego y deforme,
como uno de esos fetos hueros
que vi, cuando muy niño con padres,
preservados dentro de un frasco
en un museo de rarezas naturales

POEMA FOTOVOLTAICO

si lo miras desde arriba verás
un pequeño panel, una especie
de rara flor, si quieres, que arde
bajo nuestro padre, eléctrica
con sus circuitos, tracking him
across the sky, enamorada
de la luz, en ese way of gazing
no solo está su sustainability
sino que la única ars poética
que ha de perdurar y que nos vio
florecer en el agua y en the Earth's
crust, los versos de este poema así
instalado no generan ningún tipo
de pollution sentimental ni green
-house gas emissions de esas
que matan el alma y el cuerpo,
ahogados en sombras de servidumbre,
como esas de un discurso de campaña
de cualquier político mal nacido poeta
que se creyera el héroe conductor
de una epopeya-film sobre nuestra
unavoidable hambre insaciable
de energía, diciéndonos que él will
be the only clean source of hope
when el globo terráqueo comience
a perder that radiant love from afar,
aquí el poema le hace la cruz y
se la clava también desde lejos
directo a su frío corazón con toda
la fuerza de un golpe instantáneo

de sunlight, cursing that nocturnal
living dead que llevamos dentro
con un rosario de voces plateadas
mientras celebramos su extinction
con este pure garlic oil destilado
de mi PV Fantoio de Santa Inés
rociándolo sobre el nicho de su ausencia,
una twofold sci-fi fábula about the origen
and end of the cult of... and the likes

POEMA CON ALGORITMO

me viene el deseo de imaginar
qué pasaría si le inyectaran
a este poema un algoritmo
que convertido en un bot
se preparara, aprendiéndose
las frases amorosas y otras
más típicas de mi raro uso
del lenguaje, por haberme
dado a poeta por tanto tiempo,
de manera que ese motor
cognitivo un día, a partir
del primero de mi muerte
accidental en un atropello
en una calle cualquiera, y
que si se pudiera pedir
me gustaría que se llamara
Poplar Ave, te las repitiera
al oído en ars combinatoria
cada vez que te sentaras
a leer éste, creándote así
nuevos poemas breves y
continuos como si fueran
textos que hacen su pop up
en nuestro eterno diálogo
en WhatsApp para consolar
a ambos de mi seemingly
definitiva ausencia y luego
para alegrarnos de seguir
juntos de una manera que hoy
sólo nos suena a una de esas

muchas promesas sirenias
de la Inteligencia Artificial

AGRADECIMIENTOS

"FRENTE AL MAR" [VIDEO-POEMA] EN YOUTUBE:

"EL ORIGEN DEL HOMBRE" EN *VISLUMBRE* (MÉXICO):

"POEMA CON ALGORITMO" [VIDEO-POEMA] EN YOUTUBE:

LUIS CORREA-DÍAZ, Miembro Correspondiente de la Academia Chilena de la Lengua y de la Real Academia de Ciencias, Bellas Letras y Nobles Artes de Córdoba (España), poeta y profesor de Digital Humanities y Human Rights en la University of Georgia-USA. Autor de varios libros y artículos críticos. Últimamente destacan: a) el e-book colectivo *Poesía y poéticas digitales/electrónicas/tecnos/New-Media en América Latina: Definiciones y exploraciones* (2016), b) *La futuridad absoluta de Vicente Huidobro* (2018), c) *Novissima verba: huellas digitales/cibernéticas en la poesía latinoamericana* (2019), d) *Latin American Digital Poetics* (2022) Sus poemarios son: *Americana-lcd* (2021), *metaverse* (2021), *Haikus nada más* (2021), *Los Haikus de Gus* (2021 y 2020), *Maestranza de San Eugenio...* (2020), *Diario de un poeta recién divorciado* (2020 y 2005), *... del amor hermoso* (2019), *impresos en 3D* (2018), *clickable poem@s* (2016), *Cosmological Me* (2010 y 2017), *Mester de soltería* (2008 y 2006), *Crónicas, in memoriam-s & ofrendas* (2022). Miembro del comité editorial de diversas revistas profesionales europeas, latinoamericanas y estadounidenses. Profesor visitante en: State University of New York –Albany; Instituto Iberoamericano-Berlín; Pontificia Universidad Católica de Chile; University of Liverpool; Universidad de Salamanca; Pontificia Universidad Católica de Bolivia; Universidad de Playa Ancha, Valparaíso, Chile.

CONTENIDO

Mayo, 2022
Editado en Chimbote, Perú,
por Santa Rabia Poetry
www.santarabiapoetry.com